Esmorzaret valencià

© Del texto: Joan Ruiz / @esmorzaret
© De las imágenes: Joan Ruiz / @esmorzaret
© De esta edición: Editorial Sargantana, 2025
Email: info@editorialsargantana.com
www.editorialsargantana.com

Primera edición: Octubre, 2025

Impreso en España

Los papeles que usamos son ecológicos, libres de cloro y proceden de bosques gestionados de manera eficiente.

ISBN: 978-84-10046-12-2
Depósito legal: V-3812-2025

@esmorzaret * JOAN RUIZ

ESMOR
ZARET
valencià

EDITORIAL
SARGANTANA

Dedicado a mis hijos, a Eva y a mi familia,
a quienes estoy eternamente agradecido
por su ayuda incondicional
y por inculcarme el amor por la gastronomía.

Bienvenidos a una experiencia única, un libro escrito por Joan Ruiz a través de su *alter ego* @esmorzaret, quien siempre convoca tu atención diciendo «¡Ei! ¿Qué pasa, chavales?».

En este libro que tengo el honor de prologar, descubrirás qué pasa y dónde pasa a través de un recorrido por las recetas más icónicas del almuerzo. Con Joan al grito de «Oye, tipo, vamos a almorzar» he compartido muchos momentos de almuerzos que siempre se han convertido en *comboi*. @esmorzaret junta en la mesa a cuatro o cinco afortunados que van a disfrutar de cada instante y de cada bocado.

La llamada que más me gusta recibir es cuando Joan te dice «Oye, ¡*man*!, ¿vamos a almorzar? He descubierto un sitio con solera, como aquellos de antes», aquellos que tanto le gusta descubrir, aquellos en los que entras y huele a antiguo, huele a bar de toda la vida, aquellos en los que entras y se quedan en silencio sus seis clientes, que están mudos mirándote hasta que pides un almuerzo y entonces se rompe el silencio y vuelve el murmullo. Esos seis clientes que al parecer no se conocen y, de repente, mientras terminas de almorzar, se juntan en una mesa a jugar al chamelo, siempre seis: cuatro juegan y dos miran.

En este libro descubrirás que la costumbre del almuerzo es algo más que aquello que discurre entre el desayuno y la comida. Descubrirás que es tradición, que es cultura, que es una seña de identidad de la Comunidad Valenciana, que enriquece a las personas y transforma los momentos en algo único que te hace sentir ilusión y placer.

Así que tómate un momento, sumérgete en estas páginas y permite que el almuerzo se convierta en una experiencia que nutra tu cuerpo y deleite tus sentidos.

¡Buen provecho!

Esteban Benacloche Ortega
Gran persona y almorzador
Amante y conocedor de la cultura gastronómica
2024

ÍNDICE

INTRODUCCIÓN

Hablar del almuerzo valenciano es hablar de una de las tradiciones gastronómicas más auténticas y queridas de la Comunidad Valenciana. No es un simple bocadillo a media mañana: es un ritual que combina comida, encuentro social y cultura popular. En pocas palabras, es un momento que va mucho más allá de saciar el hambre; es un reflejo de nuestra identidad.

El origen de esta costumbre se remonta a las jornadas de trabajo en el campo, cuando, a media mañana —sobre las nueve, ya que la faena empezaba a las seis—, los labradores interrumpían su labor para reponer fuerzas con pan, embutido, algún producto de temporada recién cogido de la huerta o encurtidos. Con el tiempo, ese hábito se trasladó a las ciudades y a los bares, convirtiéndose en lo que hoy conocemos como *esmorzar* o *esmorzaret*: un momento único en el que el recetario tradicional se encuentra con la buena compañía y con el carácter abierto y social de los valencianos.

Para mí, el almuerzo valenciano es el momento gastronómico más ilusionante del día. La decisión de almorzar es exclusivamente tuya, casi como un regalo que te concedes a media mañana. Pero hay dos factores que lo definen: el dónde y el con quién. Porque el almuerzo no es solo comida: es el espacio en el que el carácter espléndido y cercano del valenciano encuentra su lugar más honesto, libre de formalidades, de estatus y de clases.

Este libro nace con la intención de preservar esa tradición y recopila el recetario más representativo de los bocadillos del almuerzo valenciano. Aquí encontrarás desde los clásicos de siempre hasta combinaciones más modernas que ya forman parte del imaginario popular de la *terreta*. Cada receta es una invitación a sentarse en la mesa de un bar de barrio, a compartir conversación y a disfrutar de un momento que, aunque sencillo, tiene un valor incalculable.

Con este recetario quiero invitarte a descubrir —o redescubrir— la esencia de una tradición que en Valencia forma parte de nuestro día a día, y que en cada bocado guarda un pedazo de historia, cultura y memoria compartida.

BRASCADA

Se podría decir que la brascada, el chivito y el Almussafes son los bocadillos más icónicos de Valencia. De hecho, para cualquier visitante, llama la atención que tengan nombre propio y sean recetas tan extendidas a lo largo de toda la Comunidad Valenciana.

Ingredientes

* Pan
* Filete de ternera (100 g por bocadillo)
* 1 cebolla
* Jamón (2 lonchas por bocadillo)
* Sal, pimienta y aceite al gusto

Tiempo   Dificultad

20 min   *Media*

Elaboración

Únicamente con tres ingredientes conseguimos una combinación perfecta y equilibrada en cada bocado.

Su elaboración es muy sencilla. En primer lugar, corta la cebolla en juliana y ponla a calentar en una sartén a fuego bajo hasta que quede pochada, previamente le habrás incorporado un poco de sal al gusto. Una vez está hecha la cebolla, la reservas y, utilizando la misma sartén, subes el fuego. Cuando esté muy caliente, incorporas los filetes de ternera cortados finos. Cuando estén hechos, y fuera del fuego, los salpimientas al gusto. Utilizando la misma sartén y aceite, colocas dos lonchas de jamón serrano unos segundos con cuidado de no pasarte.

El último paso es muy sencillo: abres el pan y colocas la ternera, la cebolla y el jamón serrano a la plancha. Cierras el bocata y a disfrutar.

Dónde encontrarlo

Les Tendes (Almàssera)
La Piulà (Valencia)
Mesón Canela (brascada de autor con huevo y queso, Valencia)
La Mesedora (brascada de autor con *foie*, Algemesí)

CHIVITO

El chivito valenciano es uno de los bocadillos más clásicos que te puedes encontrar en Valencia. Todo apunta a que es originario de Uruguay y cómo llegó a Valencia es todo un misterio, pero lo que sí que está claro es que es fácil de preparar, fácil de comer y lo puedes encontrar en casi cualquier bar a lo largo y ancho de la Comunidad Valenciana.

Ingredientes

* Pan
* Lomo de cerdo
* *Bacon*
* Huevo (opcional)
* Queso
* Mayonesa

* Tomate
* Lechuga
* Sal, pimienta y aceite

Tiempo   Dificultad

25 min   *Media*

Elaboración

Corta los tomates a rodajas, la lechuga la puedes preparar a trozos grandes, aunque a mí me gusta más a tiras pequeñas. En una sartén o plancha caliente, coloca las tiras de *bacon* directamente sin aceite y deja que se hagan, poco a poco irán soltando su grasa. Una vez cocinado y con un punto un poco crujiente, los reservas. Con la misma grasita del *bacon*, incorporas los medallones de lomo, te recomiendo tenerlos mínimamente atemperados para que se hagan rápidamente. Una vez hechos, los retiras de la sartén y los salpimientas al gus-

to. Mientras el lomo está caliente, le puedes colocar el queso encima para que se funda ligeramente.

Mientras se cocinan el *bacon* y el lomo, abre una barra de pan, unta la mayonesa, coloca la lechuga y el tomate. Una vez hecha la carne colócala sobre los vegetales.

Ya solo te queda cerrar el bocadillo, si puedes, y pegarle un bocado.

Variantes

Es muy común incorporar huevo frito coronando el contenido o sustituir el lomo de cerdo por pechuga de pollo o contramuslo.

Dónde encontrarlo

La Brillantina (Aldaia)
Bar Polígono (Alboraya)
Bar Nuevo Oslo (Valencia)
Un bocadillo tan popular se puede encontrar en casi todos los bares.

ALMUSSAFES

El Almussafes es un bocata sencillo, de pocos ingredientes, pero con una potencia de sabor incomparable: el dulzor de la cebolla compensa el sabor de la sobrasada, mientras que el queso, dependiendo del tipo, le da una cremosidad extra que suaviza el sabor o lo potencia.

En cuanto al queso, depende de los gustos, pero a mí me gusta mucho utilizar un havarti, que se funde muy bien, o un mahonés, que le confiere más intensidad de sabores.

Ingredientes

* Pan
* Sobrasada
* Queso
* Cebolla
* Sal y pimienta
* Aceite

Tiempo
20 min

Dificultad
Media

Elaboración

Corta la cebolla en juliana y póchala en una sartén. Vierte un chorro generoso de aceite y, a fuego lento, deja que se vaya haciendo. Añade sal. Una vez la cebolla esté blanda y haya perdido el color blanco, sácala del fuego y resérvala en un bol.

Corta el pan y dale un toque de tostadora para que coja un punto crujiente. Una vez fuera de la tostadora, úntalo con la sobrasada e incorpora la cebolla pochada.

Mientras, en la misma sartén de la cebolla, deja una película mínima de aceite y calienta el queso para que se funda (también se puede hacer en el micro: un bol, queso y unos segundos a máxima potencia).

Una vez fundido, viértelo sobre la cebolla, añade un poco de pimienta, cierra el bocata, y a disfrutar. Si en la sartén el queso ha generado un poquito de costra, recomiendo ponerla también.

Es un bocadillo que acepta algunas variaciones, como por ejemplo huevo frito, patatas o un chorrito de miel.

Dónde encontrarlo

Mesón Canela (Valencia)
El Rausell (Valencia)
Bar Anvi (lleva patatas, Valencia)
Bar Mistela (Almussafes Top 2.0, Valencia)
Tonyina Barra (Valencia)
La Chata Ultramarinos (Valencia)

ALMUSSAFES VEGANO

El bocadillo Almussafes vegano es una opción maravillosa y libre de ingredientes de origen animal. Con una combinación de sabores y texturas que te harán la boca agua, este bocadillo es perfecto para cualquier amante de la comida vegana o simplemente para aquellos que buscan una alternativa con sabores que recuerdan a este bocata clásico de Valencia.

Ingredientes

- * Pan
- * Sobrasada vegana
- * Queso vegano
- * Cebolla
- * Sal al gusto

Tiempo   Dificultad

20 min   *Media*

Elaboración

Para esta versión del mítico Almussafes contaremos con algunos de los productos veganos existentes en el mercado que imitan el sabor y la textura del queso y de la sobrasada. Esta última normalmente está elaborada a base de pimentón, anacardos, tomate y aceite de oliva.

Corta la cebolla en juliana y rehógala en una sartén con aceite a fuego lento hasta que esté bien pochada, aproximadamente 40 minutos. Añade sal al gusto (no es necesario incorporar azúcar, ya que la propia cebolla, con el calor, suelta los azúcares que contiene). Retírala de la sartén una vez blandita.

Para montar el bocadillo, debes untar la sobrasada vegana en el pan, colocar el queso vegano y, como último ingrediente, la cebolla pochada.

Recomendación: precalienta el horno a 220 grados e introduce el bocadillo unos minutos para que el queso se funda y el pan quede bien crujiente.

Dónde encontrarlo

El Madrigal (Valencia)

BOCADILLO DE *TITAINA*

La *titaina* es una maravilla típica de la cocina marinera valenciana, concretamente de los Poblats Marítims. Este bocadillo mezcla sabores y tradición a partes iguales, es capaz de transportarte directamente a la costa valenciana y a tu infancia en tan solo un bocado.

Antiguamente se elaboraba con *tonyina de sorra*, que era muy barata. Actualmente hay algunas versiones de este plato que se hacen con bonito o, en su versión más económica, con atún.

En algunas zonas de la Comunidad Valenciana se le conoce como *pimentó amb tonyina*.

Ingredientes

- Pan de pueblo
- *Tonyina de sorra*, bonito o atún en conserva
- Tomate triturado o troceado
- Pimiento rojo y verde
- Ajo
- Aceite de oliva
- Sal al gusto
- Piñones

Tiempo
90 min
+ tiempo de reposo

Dificultad
Media

Elaboración

Comienza desmenuzando la *tonyina de sorra* en un bol grande y déjalo reposar durante unos minutos en agua para desalar. Si has elegido la opción de utilizar bonito del norte o atún en conserva, simplemente déjalo escurrir para que gotee el aceite.

En una sartén o cazuela de barro, incorpora un chorrito de aceite y saltea los ajos para que el aceite coja sabor. Una vez dorados, retíralos y añade los piñones removiéndolos constantemente con cuidado de que no se quemen. Una vez dorados, retíralos y resérvalos. En la misma sartén y con un poco más de aceite, incorpora los pimientos verdes y rojos para que se hagan a fuego lento, cuando estén cocinados retíralos y resérvalos.

En la misma sartén o cazuela, incorpora el tomate rallado, añádele la *tonyina* y los ingredientes reservados (piñones y pimientos), déjalo a fuego muy lento removiendo cada poco tiempo al menos durante una hora, cuando el aceite se quede por encima de la salsa de tomate, ya lo puedes retirar del fuego.

Te recomiendo dejarlo reposar como mínimo 3 horas antes de comerlo para que los sabores fusionen entre sí. Si puedes hacerlo la noche anterior, mejor.

Una vez que la mezcla de *titaina* haya reposado, abre el pan y coloca tanta cantidad como el pan pueda soportar. ¡Buen provecho!

Dónde encontrarlo

Mi Cub (Mercado de Colón)
Bar Júcar (Cabanyal)
Ca Xoret (Roca)
Restaurante JM (Monteolivete)
La Alegría de la Huerta (Malvarrosa)

PEPITO VALENCIANO

El Pepito valenciano, conocido también como Ximo o Ximet en la zona de Castellón, es una de las joyas del universo de los bocadillos. Es un bocadillo muy especial y singular, ya que su elaboración dista mucho de la de un bocadillo al uso, es un bocadillo relleno de *titaina* y frito.

Es típico de la zona del Cabanyal y, aunque es una maravilla, cada vez se cocina menos debido a lo laborioso de la receta.

Ingredientes

- * Panecillos tipo Viena, pepitos, panecillo
- * Ingredientes para la *titaina* (mirar receta correspondiente)

- * Leche
- * Huevo
- * Aceite

Tiempo
25 min
si la titaina está preparada

Dificultad
Media

Elaboración

Como hemos dicho, es un bocadillo muy particular, ya que su elaboración consiste en preparar a fuego lento una *titaina* o *pimentó amb tonyina*, vaciar un panecillo tipo Viena o pepito, rellenarlo con la *titaina* y cerrarlo con la propia molla extraída del pan para después freírlo completamente unos minutos en aceite bien caliente.

Para la elaboración de la *titaina* puedes tomar como referencia la receta anterior, tanto en cantidades como en el proceso.

Una vez tenemos la mezcla preparada coge un panecillo, corta una de las puntas y la reservas, con el dedo o con la ayuda de una cuchara saca la molla del pan hasta que nos quede un agujero, resérvala también. Rellena el pan vacío con la mezcla dejando unos dos dedos hasta la superficie. Acto seguido utiliza la molla para presionar la mezcla haciendo que no se salga. Utiliza como tapa la punta del pan reservada; para ello coloca la punta hacia dentro de forma que presione la molla y la mezcla. Debes ir con cuidado para que no se desmonte.

Llena de leche un bol o un recipiente hondo para sumergir el panecillo relleno. Apriétalo para compactarlo y escurrirlo bien. En otro plato tendremos preparados unos huevos batidos que utilizaremos para mojar el bocadillo. Deja que el huevo cubra completamente toda la superficie del panecillo.

Calienta en una sartén u olla abundante aceite para poder freír el panecillo. Lo ideal es que quede completamente sumergido en el aceite. Pasados unos minutos y cuando veas que el panecillo ha adquirido un tono dorado, retíralo y colócalo sobre una rejilla o un papel absorbente para eliminar el exceso de aceite.

Su textura y sabor hacen del Ximet un bocadillo adictivo.

Dónde encontrarlo

Casa Mundo (Valencia)
El Tostadero (Valencia)
Bar Mistela (Valencia)

BOCADILLO DE *ESGARRAET*

El *esgarraet* es otro de los platos típicos de la gastronomía valenciana, solo dos ingredientes que hacen de cada bocado una maravilla. Se puede tomar en tapa o en bocadillo: almuerzo ligero y sano.

Ingredientes

* Pan de barra
* Pimientos rojos asados
* Bacalao
* Aceite de oliva
* Extras: Mojama

Tiempo
45 min

(incluyendo el tiempo mínimo de maceración)

Dificultad
Baja

Elaboración

Te recomiendo empezar asando los pimientos rojos en el horno o sobre una llama directa hasta que la piel esté completamente carbonizada. Luego, colócalos en un recipiente cubierto con papel film durante unos minutos para que suden y sea más fácil pelarlos. Una vez pelados, córtalos en tiras finas y resérvalos.

Mientras tanto, desmiga el bacalao y ponlo en un bol en remojo con agua para desalarlo. El tiempo de remojo varía en función del tipo de bacalao, conviene ir probándolo y cambiando el agua cada 15 minutos. Una vez tenga el punto de sal deseado, escúrrelo bien, añádelo a los pimientos asados junto con un chorro de aceite de oliva, mezcla bien todos los ingredientes y déjalo macerar durante al menos 30 minutos para que los sabores se mezclen.

Elige un buen pan, incorpora el *esgarraet* y ya está listo para disfrutar. Si quieres darle un toque salino extra, siempre puedes incorporar unas láminas de mojama.

Nota: Si puedes dejar reposar la mezcla en la nevera durante una noche, conseguirás que los sabores se mezclen mejor. Hay variaciones de la receta que incorporan ajo troceado.

Dónde encontrarlo

La Torre de Utiel (Ruzafa)
La Cantina de Ruzafa (Ruzafa)
La Alegría de la Huerta (Malvarrosa)
Casa Borràs (Pinedo)
Cualquier vitrina que se precie.

ALL I PEBRE

El *all i pebre* es un manjar original de l'Albufera. Aunque no se toma en bocata, he querido incluirlo en este recetario, ya que es un plato digno de ser conservado y transmitido. Actualmente se encuentra en pocos bares y restaurantes de la Comunidad Valenciana, pero en aquellos que lo tienen, te recomiendo que lo pruebes.

Es un guiso a base de anguilas, patatas y picante. Soy muy fan de todo lo que tiene que ver con la casquería, y resulta que este plato marinero me recuerda, por sabor y textura, a los callos y a las manitas de cerdo.

Ingredientes

- 1/2 kg de anguila
- 1/2 kg de patatas
- Aceite
- Media cabeza de ajos
- Varias cayenas o pimiento picante al gusto
- Pimentón dulce
- Agua (hasta cubrir los ingredientes)
- Sal

Tiempo
45 min
(preparativos y cocción)

Dificultad
Media

Imprescindible un buen trozo de pan para mojar en la densa salsita picante fruto de la magia del chup-chup a fuego lento.

<u>Nota</u>: A mí me gusta dejarlo reposar un poco para que todos los ingredientes se liguen y la salsa espese un poco.

Elaboración

Pela, chafa los ajos y sofríelos junto a la cayena. Luego sofríe un poco el pimentón dulce sin que se queme, incorpora el agua y, cuando arranque a hervir, pon la sal y las patatas chascadas (para que suelten la fécula y así espesen la salsa).

Cuando las patatas lleven unos minutos, incorpora la anguila y deja que se cueza todo junto unos 20-30 minutos, prueba y rectifica de sal. A mí me gusta que la anguila esté blandita pero turgente a la vez. Te aconsejo ir probándola hasta que tenga el punto que te vuelve loco.

Dónde encontrarlo

Mesón Canela (con huevo frito, Valencia)
Bar Cristóbal (Valencia)
Restaurante Martinot (Valencia)
Restaurante Mateu (El Palmar, Albufera)
Casa Baina (Catarroja)

CARNE DE CABALLO CON AJOS TIERNOS Y PATATAS

Si hablamos de bocadillos icónicos en Valencia, no nos podemos olvidar de este referente en el mundo del *esmorzaret*. La carne de caballo tiene adeptos y detractores a partes iguales. La realidad es que es una carne con un aporte nutricional estupendo y cuyo consumo únicamente está arraigado en algunas comunidades de España.

Es un bocadillo de muy pocos ingredientes, pero, si no se ejecuta como se debe, el resultado no es satisfactorio. Uno de los secretos es elegir unos buenos y finos filetes de carne.

Nota: La carne de potro es más tierna, pero, a diferencia de la de caballo, tiene un menor sabor.

Ingredientes

- * Pan
- * Carne de caballo (cortada muy fina)
- * Ajos tiernos
- * Ajo
- * Patatas
- * Sal, pimienta y aceite

Tiempo **35 min**   Dificultad *Media*

Elaboración

En primer lugar, corta los ajos tiernos en trozos de unos 2 centímetros de largo, colócalos en la sartén con un poco de aceite y cuécelos a fuego lento tapados hasta que quedan hechos, con cuidado de ir removiendo cada poco tiempo para que no se quemen (si no estás atento, es muy fácil que te pase).

Mientras tanto, en una sartén con aceite, fríe las patatas cortadas en rodajas de medio centímetro aproximadamente a fuego lento con dos dientes de ajo (cháfalos antes de tirarlos al aceite para que no exploten). Una vez estén hechas las patatas, resérvalas en un plato con papel absorbente para retirar el exceso de aceite.

Llega el turno de la carne, hacerla bien es todo un arte. Para ello la plancha o la sartén debe estar muy caliente antes de tirarle un ajo cortado en láminas. Una vez empieza a mostrar signos de estar dorado, incorpora los filetes de carne, los cuales has de dejarlos muy poco tiempo, el objetivo es que sellen rápidamente (se tuesten un poco mientras que en el interior mantengan la ternura).

Ya solo queda abrir el pan y colocar las patatas, la carne y los ajos tiernos. Si lo has hecho como toca, la carne se romperá en cada bocado y la experiencia será una maravilla.

Dónde encontrarlo

Bar JM (Monteolivete)
Bar Asensio (Picassent)
Ca Rakel (Cabanyal)
Ca Cent Duros (Borbotó)
Mesó Pep de Catadau (Catadau)
Ca Xoret (Alquería de Roca)
Baret de Roca (Alquería de Roca)

BOCADILLO DE MAGRO CON TOMATE

Ahí va otro clásico de la gastronomía valenciana, un bocata que encaja bien tanto para almorzar, cenar y comer como en encuentros con mucha gente. Sabroso, sencillo, barato y muy agradecido, ya que de una sola vez se puede hacer mucha cantidad.

Ingredientes

* 1kg de magro de cerdo (cabeza de cadera o similar)
* 2 kilos de tomate triturado y troceado (mezclado)
* 2 cebollas
* Ajos
* Un vaso de coñac
* Aceite de oliva, sal, pimienta negra, laurel y azúcar (opcional)
* Pan

Tiempo
2 h mínimo

Dificultad
Media

Elaboración

En esta receta lo importante es la selección de la carne, por lo que te reco-miendo que vayas a tu carnicería de confianza y pidas directamente un corte de carne para hacer magro con tomate. Un detalle a tener en cuenta es que la cabeza de cadera de cerdo tiene más grasa infiltrada y es más jugosa que el lomo de cerdo. En la medida de lo posible, solicita que te lo corten en dados (te ahorras bastante faena).

Cortas la cebolla, picas el ajo, echas un chorro generoso de aceite en la olla y, cuando esté caliente, sofríes la cebolla con el ajo. Cuando lleve unos minutos, incorpora la carne troceada, le das unas cuantas vueltas para que se dore un poco y, acto seguido, viertes el vaso de coñac (el alcohol le va a dar un poco de sabor a la carne y la ablandará). Una vez se ha reducido el coñac, pasados unos 20-25 minutos, ya puedes incorporar el tomate triturado junto con el troceado, acto seguido incorporas la sal, un poco de azúcar, el laurel, y le das varias vuel-tas. Lo tapas y bajas el fuego para que se vaya cocinando poco a poco.

Debes removerlo cada poco tiempo para que no se pegue el tomate a la base de la olla, pruébalo por si hay que rectificarlo de sal o especias. Una vez haya pasado una hora y media desde que incorporaste el tomate, ya está listo.

Te recomiendo catar el punto de ternura de la carne y, si está a tu gusto, re-tirarla del fuego. Una vez se haya enfriado la olla, deja reposar el guiso en la nevera durante unas 10 horas para que se asiente y coja bien el sabor.

Ahora ya solo queda lo más fácil: abrir el pan y colocar el magro con tomate dentro.

Dónde encontrarlo

Bar Orta (Aldaia)
Casa Nacho (Aldaia)
Bar Mari (Valencia)

BOCADILLO DE TORTILLA DE PATATAS
(CON O SIN CEBOLLA)

La tortilla de patatas es uno de los platos más queridos y que genera auténticas discusiones sobre si debe llevar cebolla o no. A mí personalmente me gusta con cebolla, aunque debo reconocer que últimamente me decanto por la tortilla sin ella, ya que, si está bien hecha, pienso que no es necesario el extra de sabor que le aporta.

Hay muchas maneras de elaborarla, de hecho, es tan personal que dos personas que utilicen los mismos ingredientes y tiempos similares obtendrán resultados distintos. Yo os voy a explicar cómo me gusta prepararla en casa.

Ingredientes

* Patata nueva
* Huevos
* Sal al gusto
* Aceite de oliva
* Cebolla (opcional, para la versión con cebolla)
* Pan de tu elección

Tiempo   Dificultad

30 min   *Media*

Proporciones: Para un kilo de patatas, 6 huevos.

Si tomamos como referencia el número de comensales: 250 gr de patatas + un huevo y medio (o dos) por comensal.

Elaboración

El primer paso es seleccionar una buena patata. A mí me gusta la patata nueva, tiene más agua y es más tierna; en cambio hay personas que prefieren la agria. Para mi gusto la tortilla queda demasiado terrosa con esta última.

Empieza pelando y cortando las patatas en rodajas finas, de unos 2-3 mm de grosor y déjalas durante unos minutos en agua para que suelten el almidón. Retira el agua e incorpora agua nueva. Mientras, en una sartén grande, vierte aceite de oliva y, cuando esté bien caliente, incorpora unos dientes de ajo cha- fados (para que no exploten con el aceite caliente). Escurre las patatas y séca- las con papel de cocina todo lo que puedas. Una vez están secas, ponlas en el aceite a fuego fuerte moviéndolas de vez en cuando para que no se quemen. Cuando estén a medio hacer, debes bajar el fuego a la mitad para que sigan cocinándose a fuego medio.

Mientras, puedes batir los huevos: rompes la cáscara sobre un plato o una superficie plana, los metes en un bol grande, echas un pellizco de dos dedos de sal en cada yema (este truco lo aprendí de Eva, es perfecto para no pasarte de sal) y los bates bien con una cuchara hasta que no queden grumos y toda la yema esté bien mezclada con la clara (este punto es importante porque la yema y la clara tienen distintos puntos de cocción y cuaje). El uso de la cuchara es opcional, el motivo es para evitar espumar la proteína de los huevos duran- te el proceso. Una vez batidos los huevos, los reservamos en la nevera.

Cuando las patatas ya estén fritas y se deshagan al moverlas, las retiras del aceite y las pones en un plato con papel de cocina para que suelten el exceso de aceite. Acto seguido les añades sal al gusto, las vuelcas sobre los huevos batidos y lo mezclas bien. Luego calientas a fuego medio la sartén con un poco de aceite. Una vez esté caliente, vuelcas la mezcla y vas moviéndolo para que no se pegue. Tras unos minutos y con la ayuda de un plato, le das la vuelta y vuelves a verter en la sartén la tortilla a medio hacer con la parte cruda sobre la superficie caliente. Tras unos minutos puedes volver a voltearla con la ayuda del plato y repetir la operación varias veces. Este proceso puede llevar unos 5 minutos aproximadamente dependiendo del grosor de la tortilla y del punto de cuaje que busques.

Una vez cocinada ya solo queda retirarla del fuego, cortarla y servirla con o dentro de un buen pan.

Variantes

Para hacerla con cebolla, simplemente debes cortarla en juliana o en cua-draditos y dejarla reposar unos minutos en agua junto con las patatas antes de echarlas al aceite. Después de este punto, el proceso es igual que el descrito arriba.

También se puede agregar sobrasada en el momento de mezclar las patatas con el huevo; el calor de la sartén hará el resto. Es un bocadillo que permite muchas variaciones y complementos.

Dónde encontrarlo

Bodega Avellanas (Valencia)
Bar Plaza (Valencia)
Tasca de Salamanca (Valencia)
Bar Pizcueta 14 (Valencia)
La Pérgola (Valencia)
Bar Daniel's (Valencia)

TORTILLA DE PATATAS CON GUARNICIONES

Está claro que la tortilla de patatas por si sola es una auténtica delicia, pero debo reconocer que, cuando se trata de meterla dentro de un bocadillo, no puedo evitar incorporar algún ingrediente extra: unos pimientos asados para darle más jugosidad, una longaniza para hacer el almuerzo más contundente o incluso un poco de pisto con morcilla.

Ingredientes

* Para la tortilla (ver receta anterior)
* 1 pimiento rojo o verde
* 1 berenjena
* Pimientos del piquillo
* Longanizas
* Calabacín
* Aceite de oliva
* Sal al gusto

Tiempo
20 min
(tortilla base)
+ 10 – 45 min
(depende variante)

Dificultad
**Baja –
Media**

Elaboración

Mientras elaboras la tortilla de patatas siguiendo la receta anterior, puedes cocinar paralelamente el complemento ideal para acompañarla dentro del pan.

Variantes

Pimientos asados y berenjenas

Asa los pimientos rojos y las berenjenas en una parrilla o en el horno (puedes hacerlo directamente sobre la llama de una cocina de gas, en una parrilla o bajo el grill del horno). Cuando veas que la piel está quemada, retíralos del fuego, colócalos en un recipiente y cúbrelos con papel film, un trapo o con la tapa de un táper. Esto ayudará a que se desprenda la piel más fácilmente. Déjalos reposar durante unos 10 minutos.

Pasado este tiempo, retira la piel quemada de los pimientos y las berenjenas (con cuidado de no quemarte), córtalos en tiras finas y alíñalos con sal, pimienta y aceite de oliva. Mézclalo bien para que quede todo bien impregnado.

Los pimientos y la berenjena principalmente le aportan jugosidad al bocadillo. Mientras el pimiento verde tiene un sabor un poco más amargo, el pimiento rojo le proporciona un toque más dulce.

Pimientos del piquillo

En una sartén con un poco de aceite, saltea los piquillos con unas láminas de ajo a fuego lento dándole vueltas para que no se quemen. Cuando veas que la piel empieza a dorarse, retíralos del fuego, añádeles sal en escamas y estarán listos para colocarlos en el bocadillo junto a la tortilla.

Espinacas salteadas

En una sartén con un poco de aceite, saltea unos piñones con cuidado de no quemarlos, añade un poco de sal y retíralos. En la misma sartén añade un poco de aceite y, a fuego medio-alto, saltea unas hojas de espinacas limpias y sin tallos. En cuanto estén blandas, añádeles un poco de sal y los piñones reservados. Retíralas del fuego para que no suelten el agua y se ablanden demasiado. Monta el bocadillo con la tortilla de patatas y las espinacas salteadas encima.

Pisto

Corta en dados pequeños un par de pimientos verdes, uno rojo y una cebolla. Sofríelos en una sartén grande con aceite de oliva a fuego medio-bajo removiendo de vez en cuando para que no se quemen.

Cuando la cebolla esté transparente y los pimientos empiecen a estar tiernos, añade calabacín cortado en dados y deja que se cocine un poco más. Incorpora un par de tomates maduros rallados (o triturados), una pizca de sal y un pellizco de azúcar.

Deja que el pisto se haga a fuego lento hasta que todas las verduras estén bien tiernas y los sabores se integren. Remuévelo de vez en cuando.

Longanizas

Se podría decir que en Valencia las longanizas y la tortilla van de la mano. Las puedes cocinar de varias maneras: enteras o partidas. Ambas opciones son válidas. Cuando las partes y las pones directamente sobre la plancha, consigues que la carne quede un poco caramelizada en los bordes, mientras que, si las haces enteras, se conservan mejor los jugos internos de la longaniza y la mordida tiene más cuerpo. Al cocinarlas enteras, puedes pincharlas o no. Si las pinchas, la pérdida de líquidos es mayor.

Dónde encontrarlo

En cualquier bar con vitrina seguro que puedes encontrar tortilla y acompañamientos.

FRANCESA DE MORCILLA Y PIMIENTO DEL PIQUILLO

Si os soy sincero nunca hubiera hecho esta combinación, pero después de haberla probado en el Bar Ricardo (todo un imprescindible en Valencia) pensé que la morcilla y el huevo casaban perfectamente. La combinación cremosa de la tortilla francesa y la intensidad de la morcilla contrastan perfectamente con el dulzor y textura suave del piquillo. Fácil, rápido y muy bueno.

Ingredientes

- * Pan tipo barra
- * Morcilla de cebolla
- * Huevos
- * Pimientos del piquillo
- * Aceite de oliva
- * Sal al gusto
- * Ajo para saltear los piquillos (opcional)

Tiempo

15 min

Dificultad

Baja

Elaboración

Empieza quitando la piel a la morcilla y desmenúzala con ayuda de un tenedor. En una sartén con apenas un chorrito de aceite saltéala unos minutos a fuego medio hasta que empiece a dorarse.

Mientras, bate un par de huevos en un bol, añade una pizca de sal y vierte la morcilla directamente sobre los huevos. Mézclalo todo bien.

En la misma sartén, añade un poco más de aceite y vierte la mezcla. Cocina la tortilla francesa a fuego medio, doblándola o enrollándola para que quede jugosa por dentro.

Abre el pan (puedes calentarlo ligeramente antes), coloca la tortilla francesa con morcilla y distribuye unas tiras generosas de pimiento del piquillo por encima.

Variantes

Saltea los piquillos con unas láminas de ajo antes de colocarlos en el bocata, le da un punto bastante interesante.

Cierra el pan, dale un buen mordisco y déjate llevar por una serie de sensaciones melosas y jugosas.

Dónde encontrarlo

Bar Ricardo (Valencia)
Bar Trópico (Valencia)*

No es el mismo bocata, pero suele tener un revuelto de morcilla con cebolla y ajetes muy bueno.

BLANC I NEGRE CON HABITAS

No hay bocata más clásico que el *blanc i negre* con habitas, un auténtico representante del almuerzo valenciano. Sabroso, contundente y atemporal, un buen reflejo de tradición y sencillez. Su nombre se debe al contraste visual de la morcilla y la longaniza. En algunos bares lo llaman «Semáforo» si incorporan chorizo.

Las habas salteadas son el punto de conexión con la huerta y el producto de temporada, aunque hoy en día puedes encontrarlas congeladas cualquier día del año.

Ingredientes

* Pan (tipo barra o *pataqueta*)
* Morcilla valenciana (*negre*)
* Longaniza fresca (*blanc*)
* Habitas tiernas (frescas o congeladas)
* Aceite de oliva
* Sal al gusto
* Cebolla y/o panceta (opcional)

Tiempo   Dificultad

20 min   *Baja*

Elaboración

Calienta una sartén con un poco de acei-
te de oliva. Añade las habitas tiernas y
sofríelas a fuego medio-bajo hasta que
estén tiernas y ligeramente doradas.
Ten cuidado, que no se te quemen. Si
las puedes comprar en el mercado mejor que mejor, pero si son congeladas
también es una buena opción.

Mientras tanto, prepara la plancha o sartén bien caliente, añade las longanizas
(el *blanc*) y las morcillas (el *negre*). Cocínalas a fuego medio-alto hasta que estén
bien doradas y hechas por dentro. Procura no romperlas para que mantengan
sus jugos. Hay quien las pincha para que no revienten. Debo decir que me gusta no pinchar las longanizas para que no se pierdan los jugos, pero en cambio
sí que pincho las morcillas para que no estallen.

Abre el pan y tuéstalo ligeramente. Cuando esté listo coloca las habitas salteadas y encima, la morcilla y la longaniza.

Ahora solo tienes que cerrar el bocadillo y disfrutar de un bocado muy valenciano.

Variantes

Saltea las habitas con un poco de cebolla y trocitos de panceta.

Dónde encontrarlo

Bar Ricardo (Valencia)
Casa Mundo (Valencia)
Bar Polígono (Alboraya)
En cualquier vitrina que se precie.

MORCILLA VEGANA CON HABITAS, TOMATE FRITO Y PATATAS EN *PATAQUETA*

Este bocadillo fue un auténtico descubrimiento. Para quienes buscan opciones vegetarianas o veganas sin renunciar a los sabores tradicionales, esta es una gran opción.

No es fácil encontrar opciones veganas en los almuerzos más allá de la combinación de ingredientes vegetales que haya en las vitrinas, pero este bocata cambia las reglas del juego. La morcilla vegana, hecha con ingredientes vegetales y especias, junto a las habitas salteadas, el toque dulce del tomate frito casero y el crujiente de unas patatas cortadas finitas crean una combinación que funciona muy bien.

Por cierto, poco se habla de las *pataquetas,* y debo confesar que para mí es un panecillo digno de alabar. Un pan único de la Comunidad Valenciana, de corteza delicada y miga esponjosa.

Ingredientes

* * *Pataqueta*
* * Morcilla vegana (arroz, cebolla, especias)
* * Habitas tiernas (frescas o congeladas)
* * Tomate triturado
* * Patatas (cortadas en rodajas finas tipo chips)
* * Aceite de oliva
* * Sal al gusto

Tiempo

30 min

(si tienes el tomate frito hecho previamente)

Dificultad

Media

Elaboración

Lava y corta las patatas en rodajas muy finas, estilo chips. Fríelas en abundante aceite de oliva bien caliente hasta que estén crujientes y doradas. Sácalas, escúrrelas sobre papel absorbente y ponles un poco de sal por encima.

A continuación, en una sartén con un chorrito de aceite, saltea las habitas tiernas hasta que estén ligeramente doradas y resérvalas.

En la misma sartén, añade la morcilla vegana entera o en rodajas (la puedes encontrar en tiendas especializadas o puedes elaborarla en casa a base de arroz, cebolla caramelizada y especias). Cocínala a fuego medio hasta que se tueste ligeramente.

Para el tomate frito casero, sofríe tomate triturado natural con un poco de aceite, una pizca de azúcar para corregir la acidez, sal y aceite. Déjalo cocinar lentamente hasta que reduzca y coja cuerpo.

Ya solo queda abrir la *pataqueta* y montar los ingredientes como toca: habitas primero, morcilla segundo, patatas fritas después y, por último, salsa de tomate. Aprieta un poco para que se integren todos los ingredientes y a morder.

Dónde encontrarlo

La Cantina de Ruzafa (Valencia)

BOCADILLO DE BACALAO REBOZADO

El bacalao rebozado es un producto muy típico de la cocina española. Un pescado de sabor suave que rebozado combina la delicadeza de su carne con el ligero crujiente del rebozado.

Sobre gustos no hay nada escrito, pero cuando se trata de bacalao en bocadillo a mí me gusta que el bacalao esté cortado en trozos grandes, sin espinas y con forma más o menos cuadrada para poder disfrutar de su mordida.

Ingredientes

- * Una barra de pan
- * Bacalao en trozos
- * Harina de trigo
- * Huevos
- * Sal y pimienta al gusto
- * Aceite para freír

Tiempo
20 min

Dificultad
Media

Elaboración

Elige un bacalao de calidad y cortado en trozos de más o menos 3 × 3 cm. Seca bien cada pieza con papel de cocina para eliminar el exceso de humedad.

Prepara el rebozado en un plato hondo mezclando harina de trigo con un poco de sal y pimienta al gusto. En otro plato hondo bate un par de huevos.

Pasa los trozos de bacalao por la harina y asegúrate de que queden bien cubiertos por todos los lados. Luego, sumerge los filetes de bacalao en el huevo batido cubriéndolos completamente. Vuelve a pasar los filetes por la harina para asegurarte de que queda un rebozado crujiente.

Calienta abundante aceite en una sartén grande a fuego medio-alto. Cuando el aceite esté caliente fríe los trozos hasta que estén dorados, es decir, crujientes por fuera y cocidos por dentro (unos 3-4 minutos por cada lado, aunque dependerá del grosor de estos). Una vez fritos retira los filetes de bacalao de la sartén y colócalos sobre papel absorbente o sobre una rejilla para eliminar el exceso de aceite.

Mientras tanto, abre el pan por la mitad. Te recomiendo que tenga una miga generosa para que absorba el resto de aceite. Coloca los trozos de bacalao rebozado dentro del pan y sírvelo caliente.

Variantes

Hay quien le pone mayonesa o ajoaceite. Para mi gusto, si el bacalao es bueno y está bien cocinado no es necesario complementarlo con ninguna salsa.

En el restaurante Ca Xoret, en el barrio de Roca, lo sirven con cebolla pochada y le confiere una jugosidad maravillosa. El pimiento verde también es un ingrediente muy agradecido en este bocadillo.

Dónde encontrarlo

Bar JM (Monteolivete)
La Nueva Terraza (San Antonio de Benagéber)
Ca Cent Duros (Borbotó)
Ca Xoret (Alquería de Roca)

BOCADILLO DE BACALAO REBOZADO CON REVUELTO DE MORCILLA

Nunca me hubiera imaginado que la combinación de bacalao rebozado y revuelto de morcilla me iba a gustar. La probé en La Nueva Terraza y me sorprendió mucho por la mezcla de sabores y texturas.

Ingredientes

* Pan
* Bacalao en trozos
* Harina de trigo
* Huevos
* Morcilla
* Aceite de oliva
* Sal y pimienta al gusto

Tiempo Dificultad

30 min *Media*

Elaboración

Comienza preparando el bacalao con los pasos de la receta anterior: corta el bacalao, pásalo por harina y huevo y fríelo en aceite caliente hasta que esté dorado y crujiente. Resérvalo sobre papel absorbente para eliminar el exceso de aceite.

Mientras tanto prepara el revuelto de morcilla. Retira la piel de las morcillas y desmenúzalas. En una sartén calienta un poco de aceite de oliva y añade la morcilla. Cocina a fuego medio-alto desmenuzando la morcilla con una cuchara de madera y cocinándola hasta que esté bien dorada y cocida por completo.

Cuando la morcilla esté lista, bate un par de huevos en un bol y viértelos en la sartén. Remueve constantemente hasta que los huevos estén cuajados pero jugosos. Retira y reserva.

Ya solo te queda abrir el pan, colocar el revuelto y encima, el bacalao.

Dónde encontrarlo

La Nueva Terraza (San Antonio de Benagéber)

BOCADILLO DE ATÚN CON OLIVAS

El bocadillo de atún con olivas es una opción muy clásica y deliciosa para un almuerzo rápido. A mí me recuerda al verano y a las meriendas de media tarde con un buen pan estilo pepito.

Ingredientes

* * Pan de crujiente o pepito
* * Atún o bonito en aceite
* * Olivas (sin hueso)
* * Tomate rallado (opcional)

Tiempo   Dificultad

5 min   Baja

Elaboración

Es muy sencillo de elaborar, aquí el secreto son los ingredientes. Cuanto más buenos sean, mejor.

Lo puedes hacer con atún o con bonito. Abre la lata de atún en aceite, escúrrela un poco, coloca el atún en un bol y agrega las olivas sin hueso. Mezcla todos los ingredientes hasta que estén bien combinados. Corta el pan solo por un lado para que te quede como si fuera un libro. Coloca la mezcla y listo.

Como alternativa, puedes añadir tomate rallado para darle un toque extra de frescor.

Dónde encontrarlo

En general, lo puedes encontrar en casi cualquier bar, pero te recomiendo el de Casa Mundo (Valencia).

BOCADILLO DE ATÚN EN ACEITE DE OLIVA Y MEJILLONES EN ESCABECHE

Puede parecer una combinación un tanto arriesgada, pero una vez la pruebas sabes que la vas a repetir. El atún es puro frescor, mientras que los mejillones en escabeche añaden un toque de acidez y sabor marinero maravilloso.

Ingredientes

* Pan
* Atún en aceite de oliva
* Mejillones en escabeche

Tiempo
5 min

Dificultad
Baja

Elaboración

Abre una lata de atún en aceite de oliva y escúrrelo para eliminar el exceso de aceite. Colócalo en un bol grande y desmenúzalo ligeramente con un tenedor.

Ahora abre una lata de mejillones en escabeche y escúrrelos un poco, pero no del todo.

Corta el pan por un lado, coloca el atún desmenuzado y distribuye los mejillones enteros sobre el atún asegurándote de cubrir toda la superficie del pan de manera uniforme. Como último paso, te recomiendo que lo riegues un poquito con el jugo de los mejillones.

Ya está todo listo para viajar por el mar a través de cada bocado. Si eres amante de las guindillas picantes, te recomiendo fervientemente cortar una y distribuir los trocitos a lo largo y ancho del bocata.

Dónde encontrarlo

Es raro encontrarlo en algún bar, yo diría que es más bien un bocata para prepararlo en casa.

BOCADILLO DE ENSALADA DE TOMATE, ATÚN Y HUEVO DURO

Este es un bocata al que le tengo especial cariño; ¿quién no se ha comido un bocadillo con estos ingredientes un día de playa? Un bocata fresco, sabroso y sano que recuerda a playa y a verano.

Ingredientes

* Pan de bocadillo
* Tomate
* Olivas
* Cebolla dulce (opcional)
* Atún en lata
* Huevos cocidos
* Sal y aceite de oliva

Tiempo   Dificultad

20 min   *Baja*

Elaboración

Comienza cocinando los huevos en una olla con agua hirviendo durante aproximadamente 10-12 minutos. Una vez cocidos retira los huevos del agua caliente y enfríalos en un bol con hielo y agua o bajo el chorro de agua fría. Pélalos y córtalos a trocitos.

Incorpora en un bol el huevo, el tomate cortado a cuadrados, el atún, las olivas, un poco de sal y un chorro de aceite de oliva. Abre el pan por un lado e incorpora la mezcla. Es opcional añadir un poco de cebolla dulce cortada en juliana.

Tu bocata más veraniego ya está listo para ser disfrutado.

Dónde encontrarlo

En el bar Polígono (Alboraya) y en muchos otros bares que tengan almuerzo de vitrina.

BOMBÓN Y SUPERBOMBÓN

En Valencia hay bocadillos con historia que merecen ser reconocidos al nivel del chivito, la brascada o el Almussafes, como el Bombón de La Pérgola.

Aunque muchos lo han probado, pocos saben que nació del puro ensayo y error de los clientes. Tras probar distintas combinaciones, un cliente le dio un mordisco a esta maravilla y exclamó: «¡Esto es un bombón!». Desde entonces una de las dueñas del local, allá por los años sesenta, decidió bautizarlo como tal. El resultado: una mezcla jugosa y deliciosa de champiñones, salsa verde, mayonesa, lomo de cerdo y queso que se ha convertido en un icono de la gastronomía del bocadillo en Valencia.

Ingredientes

- * Pan
- * Lomo de cerdo (cortado en filetes finos)
- * Champiñones laminados
- * Queso en lonchas (havarti, gouda o similar)

- * Mayonesa
- * Aceite de oliva
- * Ajo (1 diente)
- * Perejil fresco
- * Sal y pimienta al gusto

Tiempo
25 – 30 min

Dificultad
Media

Elaboración

Empieza preparando la salsa verde o salsa mery: mezcla en un bol un poco de aceite de oliva con un diente de ajo picado muy fino y perejil fresco. Bátelo bien hasta que ligue y resérvalo.

Prepara el lomo de cerdo en filetes finos. En una sartén con un poco de aceite de oliva, márcalo a fuego medio-alto hasta que quede doradito y jugoso por dentro. A mitad de cocción sala un poco la carne, coloca sobre los lomos una loncha de queso y tapa la sartén unos segundos para que se funda (havarti, queso de barra o gouda funden genial). Después resérvalos.

En la misma sartén añade un chorrito más de aceite y saltea unos champiñones laminados con un poco de pimienta hasta que estén tiernos y empiecen a soltar su jugo. Sálalos un poco y resérvalos.

A continuación, coloca el lomo de cerdo caliente, los champiñones salteados, un poco de mayonesa y una buena cantidad de salsa verde.

Cierra el bocadillo, aprieta ligeramente para que todos los ingredientes se compacten un poco y disfruta de este mítico bocadillo que, sin duda, hace honor a su nombre: es un auténtico bombón.

Variantes

Si se incorporan patatas fritas o patatas a lo pobre el Bombón adquiere el título de «Superbombón».

Dónde encontrarlo

En La Pérgola (Valencia) y en algunos otros bares que homenajean a este icono.

EMBUTIDO AL PLATO – *TORRÀ*

La *torrà* está grabada en el ADN del valenciano. Es mucho más que una barbacoa, es un momento de *comboi* donde amigos y familia se reúnen para disfrutar de una comida al aire libre. Un plato de *torrà* normalmente está compuesto por panceta, longaniza, chorizo, morcilla, pan...

Ingredientes

- Lonchas de panceta
- Longaniza
- Chorizo
- Morcilla
- Pan
- Ajoaceite (opcional)

Tiempo Dificultad

30 min Baja

Elaboración

Prepara las brasas y una vez estén bien prendidas puede empezar el festín.

Coloca las lonchas de panceta, las longanizas, los chorizos y las morcillas sobre la parrilla caliente. Asa cada lado hasta que estén dorados y cocidos por completo.

Consejos:

- Para arrancar las brasas tienes dos opciones: la primera es poner un acelerador o una lana para hogueras debajo de la parrilla, y colocar el carbón encima de esta. En cuanto enciendas el acelerador empezará a calentar las brasas y en 15-20 minutos estarán listas. Otra opción es hacer una montaña en forma de volcán con el carbón y en el tubo hueco que queda en el centro encender la lana de hogueras. Debido a la convección que se crea las brasas se encienden con relativa facilidad.

- Mantén una buena distancia respecto a las brasas, así no quemarás el producto y podrás controlar mejor su cocción.

- No pinches las longanizas ni los chorizos, ya que se perderán los jugos a medida que se vayan cocinando. Si los haces a fuego medio y a una distancia adecuada, no se rasgarán.

- Controla la temperatura de la morcilla para que no se rompa la piel.

- Si quieres potenciar el toque de brasa, utiliza carbón de encina o de quebracho, le aportará un aroma agradable.

Una vez todos los embutidos estén asados, retíralos de la parrilla y colócalos en un plato grande o bandeja de servir.

Tuesta el pan, acompáñalo todo con un poco de ajoaceite y a disfrutar.

Dónde encontrarlo

Ca Cent Duros (Borbotó)
Casa La Abuela (Utiel)
Restaurante Quitín (Burjassot)

BOCADILLO DE CALAMARES REBOZADOS

El bocadillo de calamares rebozados es un clásico de la cocina española que nunca decepciona. La combinación de calamares crujientes con pan tierno es simplemente irresistible.

Ingredientes

* Pan tierno
* Calamares limpios troceados en anillas o en rabas
* Huevos
* Harina de trigo
* Harina de garbanzo
* Aceite para freír
* Sal

Tiempo   Dificultad

25 min   *Media*

Elaboración

Limpia los calamares y córtalos en aros de aproximadamente un centímetro de grosor. Sécalos con papel de cocina.

En un bol, bate un par de huevos y sazónalos con sal.

Prepara un plato con un 50 % de harina de trigo y un 50 % de harina de garbanzo. Agrega un poco de sal para darle más sabor.

Pasa los aros de calamar por la harina y asegúrate de que estén bien cubiertos. Luego sumérgelos en el huevo batido y pásalos de nuevo por la harina presionando ligeramente para que se adhiera bien. Ponlos en un colador y sacúdelos para que suelten el exceso.

Calienta abundante aceite en una olla o freidora a fuego medio-alto. Cuando el aceite esté caliente (aproximadamente 180 °C), fríe los aros de calamar en lotes. Asegúrate de que no has puesto demasiados para que se frían de manera uniforme.

Fríe los calamares durante unos 2-3 minutos o hasta que estén dorados y crujientes. Retíralos con una espumadera y colócalos sobre papel absorbente o una rejilla para eliminar el exceso de aceite. La rejilla permite que el rebozado no quede blando.

Corta el pan por la mitad y monta el bocadillo con los calamares calentitos recién hechos.

Hay quien le incorpora mayonesa o ajoaceite. Para mi gusto, sin nada es un bocadillo espectacular, pero, si hay que ponerle algo extra, me decanto por el ajoaceite.

Variantes

Esta misma receta también sirve para la puntilla.

Dónde encontrarlo

Casa Mundo (estilo rabas, Valencia)
Bar Batiste (puntillas, la Finca Roja, Valencia)
Los Toneles (Valencia)
Restaurante La Piula (puntillas, Valencia)
Restaurante Quitín (calamares Quitín, estilo a la romana, Burjassot)
Bar Cremaet (estilo anillas, Valencia)

BOCADILLO DE CALAMAR A LA PLANCHA CON JAMÓN

Este bocadillo junta lo mejor del mar y de la tierra. El sabor y el umami que desprende el jamón ibérico hace que no puedas parar de morderlo y disfrutarlo.

Ingredientes

* Pan
* Calamar de playa limpio en aros
* Jamón ibérico al corte
* Aceite de oliva
* Mayonesa
* Perejil
* Ajo
* Sal

Tiempo · Dificultad

20 min · Media

Elaboración

Limpia los calamares retirando vísceras y piel. Córtalos en aros y sécalos bien con papel de cocina.

Calienta una plancha o sartén a fuego medio-alto y añade un chorrito de aceite de oliva. Cuando la plancha esté bien caliente, coloca los aros de calamar y cocínalos durante 2-3 minutos por cada lado, hasta que estén dorados y tiernos.

Mientras, prepara una salsa mery picando ajo y perejil y mézclalo con aceite de oliva. Aprovecha también para cortar el jamón ibérico en lonchas finas.

Una vez que los calamares estén listos, los puedes colocar en un bol para mezclarlo con la salsa mery. Esto permitirá que la salsa se reparta de manera homogénea por los trozos.

Acto seguido, unta con mayonesa el pan, coloca los calamares y las lonchas de jamón ibérico.

Tal y como me dijeron en el restaurante donde podéis encontrar esta maravilla: «Este es un bocadillo de bocado largo que se hace corto».

Dónde encontrarlo

La Torre de Utiel (Valencia)

BOCADILLO DE PATATAS BRAVAS

¿Quién no ha pedido un bocadillo de bravas en el patio del colegio? En Valencia hay una cultura de patatas bravas espectacular. Lo que más me fascina es cómo un plato con solo tres elementos puede ser tan personal y distinto en función del bar. La forma de cortar las patatas, la variedad, la manera de freírlas, las salsas, que pueden ser de aceite picante o salsa de tomate... La diversidad es maravillosa. Y, aunque al resto de España le parezca una locura meter patatas fritas en un bocata, aquí lo hacemos con orgullo y mejor que nadie. Este bocata es autóctono, contundente y sabroso.

Ingredientes

* Pan de barra
* Patatas para freír

* Para la salsa brava:
  * Tomate triturado
  * Pimentón dulce y picante
  * Cayena
  * Ajo
  * Aceite de oliva
  * Sal y azúcar

* Aceite de oliva
* Sal

* Para el ajoaceite:
  * Ajo
  * Aceite de oliva
  * Sal
  * Limón (opcional)
  * Huevo (opcional si lo haces con batidora)

Tiempo
30 min

Dificultad
Media

Elaboración

Pela y corta las patatas en dados de un par de centímetros o en gajos gruesos, con o sin piel, depende de tus gustos. Calienta abundante aceite de oliva en una sartén honda o en la freidora y fríe las patatas a fuego medio-alto hasta que estén doradas, es decir, crujientes por fuera y blandas por dentro. Sácalas y escúrrelas en papel de cocina para eliminar el exceso de aceite. También las puedes escurrir en una rejilla, así evitas que queden blandas.

Mientras se fríen las patatas, prepara la salsa brava. En una sartén, sofríe un par de dientes de ajo picados finos con un chorrito de aceite de oliva y una o dos cayenas. Añade una cucharadita de pimentón dulce y otra de pimentón picante. Incorpora tomate triturado y cocina a fuego medio-bajo hasta que espese y coja un color rojo intenso. Ajústala de sal y, si lo ves necesario, añade una cucharada de azúcar.

Para el ajoaceite, machaca un diente de ajo en un mortero con una pizca de sal y añade aceite de oliva poco a poco sin dejar de remover hasta que ligue. Para la versión más rápida, utiliza la batidora con un huevo a temperatura ambiente, aceite y un chorro de limón.

Vuelca en un bol las patatas fritas y vierte las dos salsas (reserva un poco de cada una). Mézclalo todo para que se impregne cada patata. Abre el pan, rellénalo con las patatas embadurnadas y vierte más salsa brava y ajoaceite por encima. Cierra el bocadillo y prepárate para disfrutar y mancharte a partes iguales.

Dónde encontrarlo

Taberna Amparín (Valencia) / Bar Ricardo (Valencia)
Bar JM (Valencia) / Restaurante Rausell (Valencia)
El Carrer (Campanar, Valencia)

PEPITO DE TERNERA VALENCIANO

El pepito de ternera es uno de esos bocadillos que a todos nos han preparado alguna vez de pequeños. Es un clásico valenciano de los almuerzos y de las cenas, sencillo e irresistible. Unos buenos filetes de ternera a la plancha, mantequilla y pan crujiente, no tiene misterio. ¿O sí? Hay quien le añade cebolla pochada y/o patatas fritas para darle un toque extra, pero el pepito original es la sencillez en su máxima expresión.

Ingredientes

* Pan de barra crujiente
* Filetes de ternera cortados finitos
* Mantequilla (o aceite de oliva)
* Sal y pimienta al gusto
* Cebolla pochada, patatas fritas (opcional)

Tiempo   Dificultad

15 min   *Baja*

Elaboración

Es fundamental que elijas unos buenos filetes de ternera cortados muy finitos para que queden jugosos y se cocinen rápido (déjate asesorar por tu carnicería de confianza). Calienta una plancha o sartén a fuego medio-alto y añade un poco de mantequilla (o aceite de oliva, si lo prefieres). Cuando la mantequilla esté derretida y chisporroteando, cocina los filetes de ternera vuelta y vuelta. Sazónalos con sal y pimienta al gusto mientras se cocinan.

Si quieres añadirle un extra de jugosidad y sabor, pocha un poco de cebolla cortada en juliana fina en la misma sartén, a fuego medio y con una pizca de sal hasta que esté dorada y caramelizada.

Abre la barra, unta ligeramente el interior del pan con mantequilla (o usa la propia mantequilla de la sartén) y coloca los filetes de ternera recién hechos.

Cierra el bocadillo, apriétalo con una parrilla eléctrica de pinza para darle un toque crujiente y que los sabores se mezclen.

Variantes

Si te apetece, añade la cebolla pochada y, si eres goloso, unas patatas fritas cortadas en rodajas finas.

Dónde encontrarlo

Bar del Mercado del Cabanyal (Valencia)
Bar Júcar (Valencia)

BOCADILLO VEGANO DE PATATAS A LO POBRE CON PIMIENTOS Y VEGANESA

Este bocadillo es un homenaje a las vitrinas de almuerzo en clave vegana. Las patatas a lo pobre con pimientos son ingredientes muy comunes, pero que bien combinados son muy agradecidos y sabrosos. Lo vegano también tiene cabida en el almuerzo valenciano.

Ingredientes

* Pan rústico de corteza crujiente
* Patatas cortadas en dados pequeños o rodajas finas
* Pimientos verdes y rojos en tiras
* Aceite de oliva
* Sal
* Para la veganesa:
  * 100 ml de bebida de soja sin azúcar (u otra bebida vegetal neutra)
  * 200 ml de aceite de girasol (o mezcla con aceite de oliva)
  * Zumo de limón
  * Sal

Tiempo
30 min

Dificultad
Media

Elaboración

Pela las patatas y córtalas en dados pequeños o en rodajas finas (tipo panadera), según te guste. Lava y corta en tiras los pimientos verdes y rojos para darle color y sabor al bocata.

En una sartén grande, añade un buen chorro de aceite de oliva y caliéntalo a fuego medio-bajo. Incorpora las patatas y los pimientos, añade sal al gusto y cocínalo todo lentamente removiendo de vez en cuando para que se mezclen los sabores. Deben quedar blanditas y doradas, pero no aceitosas. Yo reconozco que me gusta mucho cuando la patata se empieza a desmenuzar y romper.

Mientras se hace la verdura, prepara la veganesa. En un vaso de batidora pon 100 ml de bebida de soja sin azúcar (o cualquier otra bebida vegetal neutra), 200 ml de aceite de girasol (o mezcla con aceite de oliva para un sabor más intenso), una cucharadita de zumo de limón y una pizca de sal. Mete la batidora hasta el fondo y, sin moverla, tritúralo todo hasta que emulsione y quede una crema suave.

Abre el pan (si es de masa madre, mejor que mejor) y unta la veganesa en la base. Coloca la mezcla de patatas y pimientos bien caliente encima del pan y repártela de manera uniforme.

Variantes

Esta combinación acepta perfectamente longanizas, lomo, huevo y cualquier otra verdura.

Dónde encontrarlo

Es una buena opción para montártelo en función de los platos que haya en la vitrina del bar.

BOCADILLO DE SOLOMILLO DE CORDERO CON PATATAS Y PIMIENTOS DEL PIQUILLO

Opción *gourmet* donde las haya, un bocadillo que combina la suavidad y el sabor del solomillo de cordero con el crujiente de las patatas fritas y la dulzura de los pimientos del piquillo.

Ingredientes

* 150 g de solomillo de cordero lechal
* 1 patata
* 2 pimientos del piquillo
* Pan
* Aceite de oliva
* Sal y pimienta al gusto

Tiempo
Dificultad

20 min
Media

Elaboración

Corta el solomillo de cordero en medallones y sazónalo con sal y pimienta al gusto. Calienta una sartén a fuego medio-alto con un poco de aceite de oliva y cocina los medallones hasta que estén dorados por fuera, pero tiernos y jugosos por dentro. No te pases de tiempo porque, si no, el resultado no será el mismo, el secreto de este bocata es el punto de la carne para que mantenga la suavidad y ternura en cada bocado.

Pela las patatas y córtalas en rodajas o tiras. Fríelas en abundante aceite caliente hasta que estén doradas y crujientes. Escúrrelas sobre papel absorbente y sazónalas con sal al gusto.

Corta el pan por uno de los dos lados y ábrelo para poder colocar los medallones de solomillo en la parte inferior. Añade las patatas fritas y los pimientos del piquillo cortados en tiras. Cierra el bocadillo y sírvelo caliente.

Dónde encontrarlo

Bar Ricardo (Valencia)

BOCADILLO VEGANO DE HEURA Y QUESO

Si buscas un bocadillo que sea puro sabor y además cien por cien vegano, este es el tuyo. La heura aporta esa textura jugosa y llena de matices que hace que no sepas si es pollo o algo similar.

Ingredientes

- * Pan
- * Heura
- * Patatas
- * Ajetes tiernos
- * Cebolla crujiente (opcional)

- * Veganesa
- * Queso vegano en lonchas
- * Aceite de oliva
- * Sal y pimienta al gusto

Tiempo   Dificultad

25 min   *Media*

Elaboración

Para empezar, pela las patatas y córtalas en rodajas. Fríelas en aceite de oliva bien caliente hasta que estén doradas y crujientes. Sácalas y déjalas escurrir sobre papel absorbente.

Mientras tanto, limpia y corta los ajetes en trocitos. En una sartén con un chorrito de aceite de oliva, saltéalos a fuego medio-bajo hasta que estén tiernos y ligeramente dorados. Cuidado porque se queman con facilidad.

En la misma sartén, saltea la heura cortada en tiras o trocitos pequeños. Cocínala hasta que coja un bonito tono dorado. Salpimiéntala al gusto y resérvala.

Abre el pan de bocadillo y unta una capa generosa de veganesa en una de las mitades. Coloca la heura salteada y añade los ajetes tiernos, las patatas fritas y un buen puñado de cebolla crujiente para darle ese toque de textura (opcional). Por último, cúbrelo todo con un par de lonchas de queso vegano para que se funda con el calor del resto de los ingredientes.

Cierra el bocadillo y dale un toque final en la plancha si te apetece que el pan quede crujiente por fuera y el queso se termine de fundir.

Dónde encontrarlo

La Mesedora (Algemesí, Valencia)

BOCADILLO DE *FIGATELLS* CON CEBOLLA Y MOSTAZA

El *figatell* es una de las maravillas de la gastronomía valenciana, un producto único que se puede encontrar principalmente en las comarcas de la Safor y la Marina Alta. Es un producto de carnicería elaborado con carne y panceta de cerdo y algunos productos de casquería como hígado y riñoncitos. También lleva piñones, especias y perejil, todo envuelto en la mantellina, la membrana que cubre los intestinos del animal.

El *figatell* se puede comer solo o en bocadillo, y en este segundo caso hay uno que está muy extendido en la Comunidad Valenciana, en el que se combina con cebolla pochada y mostaza.

Ingredientes

* 2 *figatells*
* Una cebolla blanca
* Mostaza Dijon a la antigua (en grano)
* Aceite y sal
* Pan

Tiempo   Dificultad

20 min   *Baja*

Elaboración

Cada carnicería tiene su receta de *figatells*: más especiados, con menos hígado, con más piñones... Lo ideal es que los vayas probando hasta que encuentres cómo te gustan. Lo más importante es atemperar bien el *figatell* antes de cocinarlo, aplastarlo un poco y que la plancha esté bien caliente. No es necesario poner aceite, ya que la mantellina desprende su propia grasa. Hay que cocinarlo durante unos minutos por

cada lado, depende del grosor y de cómo te guste el punto de cocción. Yo creo que lo ideal es que se forme una ligera costra de *maillard* en el exterior y que el interior esté al punto o poco hecho, con un color rosado en el centro del *figatell*.

Mientras se cocina, corta en juliana una cebolla y ponla en una sartén con aceite a fuego medio-bajo para que se vaya cocinando poco a poco y saque el dulzor. Casi al final echa un pellizco de sal.

Para montar el bocadillo, abre el pan y pon la cebolla pochada y los *figatells* cortados por la mitad con un poco de mostaza de Dijon a la antigua encima.

Dónde encontrarlo

Bar Pou Nou (Pedreguer)
Restaurante Martinot
(la Punta, Valencia)
Alenar Bodega Mediterránea
(Valencia)
Bar Verbena Benimaclet (Valencia)
Bar Evaristo (Oliva)
El racó de Xavi (Valencia)
El trocito del medio (Valencia)

Carnicerías

Carnisseria Xelo (Barx)
Carnisseria Salvador Moll (Pego)
Palanca Carnissers (Valencia)
Carnicería Catalá (Aldaia)

BOCADILLO DE LONGANIZAS, HUEVO FRITO Y PATATAS FRITAS

No se puede hacer un libro de bocadillos de almuerzo sin incluir esta combinación de ingredientes, así que os cuento cómo prepararlo en casa.

El secreto está en la selección de las longanizas, que para mi gusto deben llevar la proporción justa de grasa y ser de carne de calidad. También podéis optar por las longanizas *de llavoretes*, que aportan al bocadillo un toque especiado. Este bocadillo es ideal tanto para almorzar como para cenar.

Ingredientes

- * 2 longanizas
- * Un huevo
- * Una patata
- * Pan de bocadillo
- * Aceite de oliva
- * Sal y pimienta al gusto

Tiempo
20 min

Dificultad
Media

Elaboración

Cocina las longanizas en una sartén o parrilla caliente hasta que estén doradas y cocidas por dentro. A mí me gusta no pincharlas para que no pierdan los jugos.

Calienta un poco de aceite en una sartén y fríe el huevo hasta que la clara esté cocida, pero la yema aún esté líquida. Si el aceite está bien caliente, conseguirás la preciada puntillita de la clara. Una vez lo hayas sacado de la sartén, sazona al gusto.

Pela las patatas y córtalas en tiras finas. Fríe las patatas en abundante aceite caliente hasta que estén doradas y crujientes. Escúrrelas sobre papel absorbente y sazona al gusto.

Abre el pan de barra, coloca las patatas fritas, las longanizas y, en último lugar, el huevo. Cierra el bocadillo y haz que la yema explote y embadurne todos los ingredientes.

Dónde encontrarlo

En Valencia, raro es el bar que no tenga en su carta o vitrina los ingredientes para montar un bocadillo como este. Pero sí que os voy a recomendar uno que para mí es un imprescindible:

En bodega Flor (Valencia, el Cabanyal) tienen uno con setas de cardo y pasas que recomiendo encarecidamente.

BOCADILLO DE ALBÓNDIGAS CON PIMIENTO VERDE

Un bocadillo que *a priori* puede parecer algo extraño, pero realmente es una maravilla. La mordida esponjosa y la alegría de las especias tienen parte de culpa.

Ingredientes

- Pan
- Carne picada
- Tomate triturado
- Huevo
- Pan rallado
- Ajo
- Perejil
- Sal
- Pimiento verde
- Aceite

Tiempo
40 min

Dificultad
Media

Elaboración

Primero, prepárate para hacer las albóndigas. Mezcla carne picada (puedes usar la que más te guste) con huevo, un toque de ajo picado, un poco de pan rallado y perejil. Forma las albóndigas y ponlas en la sartén con un poquito de aceite hasta que estén doradas. Echa el tomate triturado, sal, pimienta y una cucharada de azúcar, y déjalo a fuego lento como mínimo 40 minutos.

Mientras tanto, corta el pimiento verde en tiras y échalo a la sartén con un chorrito de aceite. Saltea hasta que esté tierno, pero con ese puntito crujiente para dar textura al bocadillo.

Corta el pan por la mitad, coloca las albóndigas con la salsa dentro y añade las tiras de pimiento verde encima.

Dónde encontrarlo

Es un bocata que no se ve mucho, pero antiguamente yo lo disfrutaba en el Bar Carteros, 3 (barrio de Jesús).

BOCADILLO DE ALBÓNDIGAS CON TOMATE

Cada maestrillo tiene su librillo y aquí encontrarás una receta tradicional. Pero, si lo que quieres es disfrutar de esta propuesta, te recomiendo jugar con las carnes, los diferentes cortes y maduraciones e incorporar ingredientes y especias para hacer de cada bocado una maravilla.

Ingredientes

- Pan
- Albóndigas (ver receta anterior)
- Tomates
- Cebolla
- Ajo
- Aceite de oliva
- Sal y pimienta
- Azúcar
- Hierbas frescas (como albahaca o tomillo)

Tiempo — 30 min

Dificultad — Baja

Elaboración

Comienza haciendo tus albóndigas favoritas como en la receta anterior. Mientras se cocinan, prepara la salsa de tomate casera. Saltea la cebolla y los ajos picados en una sartén con un poco de aceite hasta que estén dorados. Agrega tomates picados (pueden ser frescos o enlatados), una pizca de azúcar, sal, pimienta, tomillo o albahaca. Cocina a fuego lento hasta que la salsa espese.

Una vez la salsa de tomate esté hecha, incorpora las albóndigas y déjalo cocer todo junto unos minutos. Luego retíralo del fuego y déjalo reposar durante unas horas. Ya solo te queda colocar las albóndigas dentro del pan y cubrirlo generosamente con la salsa de tomate.

Personalmente, a mí me gusta derretir una loncha de queso por encima y coronarla con unas hojas de albahaca fresca.

Variantes

Hay una variante que me parece digna de probar, pero es un poco más complicada de ejecutar en casa: el bocata de albóndigas de carne de vaca madurada con una *demi-glace* y patatas fritas del Bar Mistela.

Dónde encontrarlo

Cal Carrero (lo tienen de manera esporádica, Valencia)
Bar Mistela (albóndigas maduradas con patatas fritas, Valencia)
Casa Mundo (Valencia)

BOCADILLO DE MOLLEJAS DE CORDERO A LA PLANCHA

Las mollejas de cordero son ese producto humilde y olvidado. Apenas se encuentran lugares que trabajen las mollejas, bien porque la gente no lo demanda o bien porque su preparación requiere tiempo. Es un bocadillo muy sencillo, pero con un sabor inconfundible.

Ingredientes

* * 500 g de mollejas de cordero
* * Aceite de oliva
* * 2 dientes de ajo picados
* * Un puñado de perejil fresco picado
* * Pimienta negra y sal al gusto
* * Un chorretón de limón
* * Pan rústico
* * Ajoaceite o mayonesa (opcional)

Tiempo   Dificultad

1 h aprox.   Alta

incluyendo el tiempo
del marinado

Elaboración

Limpia las mollejas con agua fría y luego blanquéalas con agua hirviendo con sal durante unos 3-5 minutos. Este es un paso clave, ya que ayuda a suavizarlas y a prepararlas para que absorban todos los sabores durante el marinado.

En un bol mezcla aceite de oliva, ajo picado, un generoso puñado de perejil fresco, una pizca de pimienta negra y un chorretón de limón. Sumerge las mollejas y déjalas marinar en la nevera unos 30 minutos. Esto las ablanda y les da un toque maravilloso para que queden tiernas y jugosas.

Calienta la plancha o sartén a una temperatura alta. Cocínalas hasta que estén doradas y crujientes por fuera, pero el tiempo justo y necesario para que queden suaves por dentro. Evita que se sequen.

Elige un pan crujiente y alveolado para que le aporte textura a cada bocado y realce el sabor de las mollejas. Si te apetece, dale un ligero calentón en la plancha. Unta una base de alioli o mayonesa, coloca las mollejas encima y disfruta.

Consejo: Las mollejas combinan a la perfección con unos ajos tiernos salteados.

Dónde encontrarlo

Bar Sena (junto a la plaza de toros, Valencia)
Ca Cent Duros (Borbotó)
Bar Verbena Benimaclet (Valencia)
El Gallo de Oro (en tapa, Valencia)

BOCADILLO DE PISTO, LOMO Y HUEVO FRITO

El bocadillo de pisto, lomo y huevo frito es uno de esos que huelen a bar de barrio y a cenas en casa de la yaya. La combinación del pisto casero con el lomo de cerdo y el huevo frito es un homenaje a la cocina sencilla y de sabor auténtico. Un bocadillo cargado de memoria gustativa.

Ingredientes

* Pan de barra
* Filetes de lomo de cerdo
* Pisto casero (cebolla, pimiento verde, pimiento rojo, tomate, aceite de oliva, sal y azúcar)
* Huevo frito
* Aceite de oliva
* Sal y pimienta al gusto

Tiempo
30 min

Dificultad
Media

Elaboración

Lo primero es preparar el pisto. Pela y corta la cebolla en dados pequeños y sofríela en una sartén con aceite de oliva a fuego medio. Añade el pimiento verde y el rojo cortados en trocitos y, cuando esté todo bien pochadito, incorpora tomate rallado natural. Deja que se cocine lentamente, removiendo de vez en cuando, hasta que todo esté bien integrado. Ajusta de sal y echa un pellizco de azúcar si el tomate está muy ácido.

Mientras se hace el pisto, en otra sartén cocina los filetes de lomo de cerdo con un poco de aceite, sal y pimienta. Hazlos a fuego medio-alto hasta que queden doraditos pero jugosos por dentro. Después pasa por la sartén el *bacon* (esto es opcional).

En la misma sartén o en otra más pequeña, fríe el huevo en aceite de oliva bien caliente para que quede con puntillita y con la yema líquida.

Abre el pan, con una cuchara agrega una buena capa de pisto casero en la base, coloca encima los filetes de lomo, el *bacon* y remata con el huevo frito.

Cierra el bocadillo, presiona ligeramente para integrar todos los sabores y prepárate para disfrutar de uno de los bocatas más contundentes y sabrosos que existen.

Dónde encontrarlo

Nuevo Oslo (Valencia)
En Bodega Avellanas te recomiendo la variante de pisto
con su morcilla oreada de Requena y longaniza.
En cualquier bar con vitrina que se precie puedes montarte este bocata.

BOCADILLO DE SEPIA CON MAYONESA

El bocadillo de sepia con mayonesa es una opción sencilla pero deliciosa. Cuando la suavidad de la sepia cocida se junta con la cremosidad de la mayonesa, el resultado es una maravilla.

Ingredientes

* Pan
* Sepia limpia y preparada
* Mayonesa
* Sal y pimienta al gusto

Tiempo   Dificultad

20 min   *Media*

Elaboración

Limpia y prepara la sepia (puedes pedir en tu pescadería que la limpien o hacerlo tú mismo en casa). Retira la piel y las vísceras y corta la sepia en tiras o trozos de unos dos centímetros.

Calienta agua en una olla grande y, cuando esté hirviendo, sumerge la sepia durante aproximadamente 2-3 minutos o hasta que esté cocida. La sepia estará lista cuando esté firme pero tierna al morder.

Una vez cocida, sácala e introdúcela en un bol grande con agua y hielo. Con esto conseguiremos que se pare el proceso de cocción. Cuando la sepia esté fría, mézclala en un bol con mayonesa. Si quieres elevar la experiencia, te recomiendo que la mayonesa sea casera.

Te la puedes tomar en bocata o al plato.

Dónde encontrarlo

Bar Ricardo (Valencia)
Bar Mistela (Valencia)
Bar JM (Valencia)
Pou Nou (Pedreguer)

BOCADILLO DE SEPIA A LA PLANCHA

Cuando se habla de sepia a la plancha, es inevitable no pensar en la salsa mery. Este es un bocadillo muy sencillo donde el secreto está en la calidad del producto, así que, si quieres disfrutar con este bocata, no escatimes y elige sepia bruta.

Ingredientes

* 300 g de sepia
* Pan de bocadillo (pataqueta)
* Aceite de oliva
* Sal y pimienta al gusto
* Ajo
* Perejil

Tiempo   Dificultad
20 min   *Media*

Elaboración

Para la sepia te recomiendo que pidas en la pescadería que la limpien y la corten bien en rodajas o en cuadrados. Sazónala con sal y pimienta al gusto.

Calienta una plancha o una sartén a fuego medio-alto con un poco de aceite de oliva. Coloca la sepia en la plancha bien caliente y cocínala durante 2-3 minutos por cada lado, hasta que los trozos estén dorados y tiernos.

Mientras se cocina la sepia, puedes aprovechar para hacer la salsa mery. Pica muy fino unas cuantas ramitas de perejil y un ajo, incorpora la mezcla en un vaso o un bol, vierte un buen chorro de aceite de oliva y un pellizco de sal, y remueve bien hasta que todos los ingredientes estén integrados. También le puedes incorporar un chorrito de limón o de lima.

Una vez tienes la sepia cocinada, añádele la salsa mery, remueve bien para que todos los trozos queden bien empapados con la salsa.

Para este tipo de bocadillo, reconozco que me gustan los panes tipo *pataqueta* o aquellos que tienen una molla y una corteza esponjosas.

El montaje es sencillo: abre el pan, coloca la sepia con la salsa mery y cierra el bocadillo. Puedes añadirle mayonesa o ajoaceite.

Dónde encontrarlo

La Pérgola (Valencia)
Central Bar (Valencia)
Casa Mundo (Valencia)

BOCADILLO DE HIGADITOS Y RIÑONCITOS CON CEBOLLA

Los bocadillos de casquería tienen un lugar especial en mi corazón. Y si hay uno que enamora a los más carnívoros es el de higaditos y riñoncitos con cebolla. Un bocata contundente, lleno de sabor y tradición que no puede faltar en ningún buen bar de almuerzos, pero que por desgracia cada vez se encuentra en menos vitrinas. Este bocadillo es puro vicio.

Ingredientes

* Pan de barra crujiente
* Higaditos y riñoncitos de pollo (o cordero, según gustos)
* Cebolla tierna
* Aceite de oliva
* Sal y pimienta al gusto
* Patatas fritas en rodajas finas (opcional)

Tiempo   Dificultad

25 min   Media

Elaboración

Para empezar, pela y corta la cebolla en juliana bien fina. En una sartén grande con un buen chorro de aceite de oliva, sofríe la cebolla a fuego lento hasta que quede bien pochada y empiece a dorarse ligeramente. Un toque de sal ayudará a que suelte todo su jugo y quede más melosa.

Mientras se hace la cebolla, limpia los higaditos y los riñoncitos de pollo (o cordero) y córtalos en trozos de bocado. Asegúrate de quitarles cualquier impureza o telilla que puedan tener.

Cuando la cebolla esté lista, añade los hígados y riñones a la sartén. Saltéalos a fuego medio-alto para que se doren por fuera y queden jugosos por dentro. Deben quedar bien cocinados. Añade sal y pimienta al gusto.

Abre el pan, rellénalo con la mezcla y cierra el bocadillo. Prepárate para disfrutar de uno de los almuerzos más auténticos y potentes de la *terreta*.

Dónde encontrarlo

Bar Daniel's (Valencia)
Bar Centro (Albalat dels Sorells)

BOCADILLO DE PANCETA A BAJA TEMPERATURA CON MAYONESA *HOISIN*, AJOS TIERNOS Y COLIFLOR

Sin duda uno de mis bocadillos favoritos por el sabor de la mayonesa *hoisin*, por la coliflor rehogada y, sobre todo, por el sabor y la textura placentera de la panceta a baja temperatura. Es una mezcla entre el sabor de un cocido y un toque asiático.

Ingredientes

* Pan de chapata crujiente
* Panceta de cerdo
* Coliflor en ramilletes pequeños
* Ajos tiernos
* Aceite de oliva
* Sal y pimienta al gusto
* Para la mayonesa *hoisin*:
    * Mayonesa casera (o vegana)
    * Salsa *hoisin* (2 cucharadas aprox.)

Tiempo

3 h

incluyendo el tiempo de
horneado de la panceta

Dificultad

Alta

Elaboración

En primer lugar, prepara la panceta, ya que lleva su tiempo. Cocínala a baja temperatura (entre 80 y 90 °C) en el horno durante unas 3 horas. Antes de meterla, sazónala con un poco de sal, pimienta y aceite de oliva. Cuando la panceta esté tierna y jugosa, sácala del horno y córtala en tiras o trozos de bocado. También puedes cocinarla directamente en tiras para reducir sustancialmente el tiempo de cocción. El truco es revisarla cada cierto tiempo.

Mientras se hace la panceta, lava y corta la coliflor en ramilletes pequeños. En una sartén, rehógala a fuego medio-alto con un chorrito de aceite de oliva hasta que esté dorada y con un puntito crujiente pero tierna por dentro. Salpimienta al gusto. Hay que cocinarla hasta que esté *al dente*, ya que si nos pasamos adquiere un sabor un poco agrio.

Limpia los ajos tiernos y córtalos en trozos de un par de centímetros. En la misma sartén de la coliflor, saltéalos a fuego medio-alto hasta que estén doraditos pero tiernos. Hay que tener cuidado para que no se quemen.

Para la mayonesa *hoisin*, mezcla mayonesa casera (o vegana si lo prefieres) con un par de cucharadas de salsa *hoisin*. Remuévelo todo bien hasta que quede una crema homogénea.

Abre el pan de chapata, añade la panceta caliente (en tiras o cortada), la coliflor rehogada y los ajos tiernos salteados. Corona con un buen chorro de mayonesa *hoisin*. Cierra el bocadillo y a disfrutar.

Dónde encontrarlo

El Astrónomo (Valencia)

BOCADILLO DE POLLO CON REVUELTO DE SOBRASADA Y QUESO

Este bocadillo es uno de los primero que documenté en los inicios de @Esmorzaret. Lo probé en el Trinquet de Pelayo y desde entonces siempre que me acuerdo de él me vienen todos los sabores y sensaciones de ese primer mordisco.

Ingredientes

* Pechugas de pollo (200-250 g por persona)
* Aceite de oliva
* 2 dientes de ajo picados
* Sal y pimienta al gusto
* Un limón
* Sobrasada
* Queso manchego semicurado
* Huevos (2 por bocadillo)
* Pan artesanal

Tiempo   Dificultad

45 min   *Media*

Elaboración

Selecciona unos buenos contramuslos de pollo sin piel. Si quieres, puedes marinarlos durante 30 minutos con aceite de oliva, ajo picado, sal y un poco de limón (si las haces a la brasa, no sería necesario). Cocínalas a la brasa o en una sartén hasta que estén doradas y jugosas, el objetivo es conseguir una superficie ligeramente crujiente.

Mientras se hace la carne, aprovecha para cortar las cuñas de queso y la sobrasada, batir los huevos y abrir el pan.

Una vez el pollo esté hecho, saltea un poco de sobrasada en una sartén para que empiece a soltar su grasa. Añade los huevos batidos y revuélvelos suavemente hasta que estén un poco cuajados pero cremosos. La sobrasada puede ser picante o no, depende de tu gusto.

Elige un buen pan artesanal, que sea crujiente por fuera y esponjoso por dentro. Si te apetece, aprovecha la plancha caliente y dale un toque de calor. Trocea el pollo, colócalo sobre el pan, luego añade el revuelto de sobrasada y, encima, los trozos de queso.

Dónde encontrarlo

Trinquet de Pelayo (Valencia)